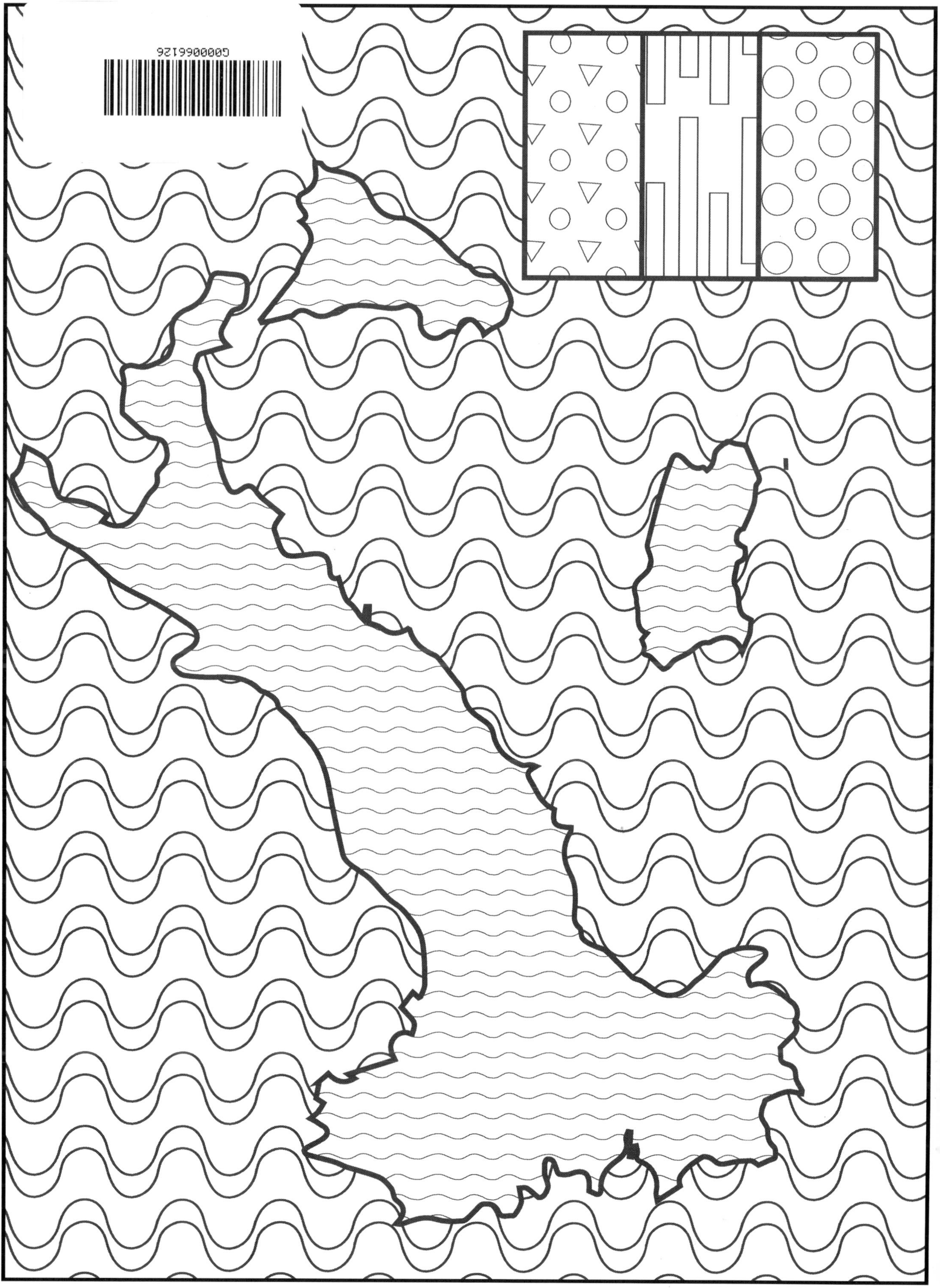

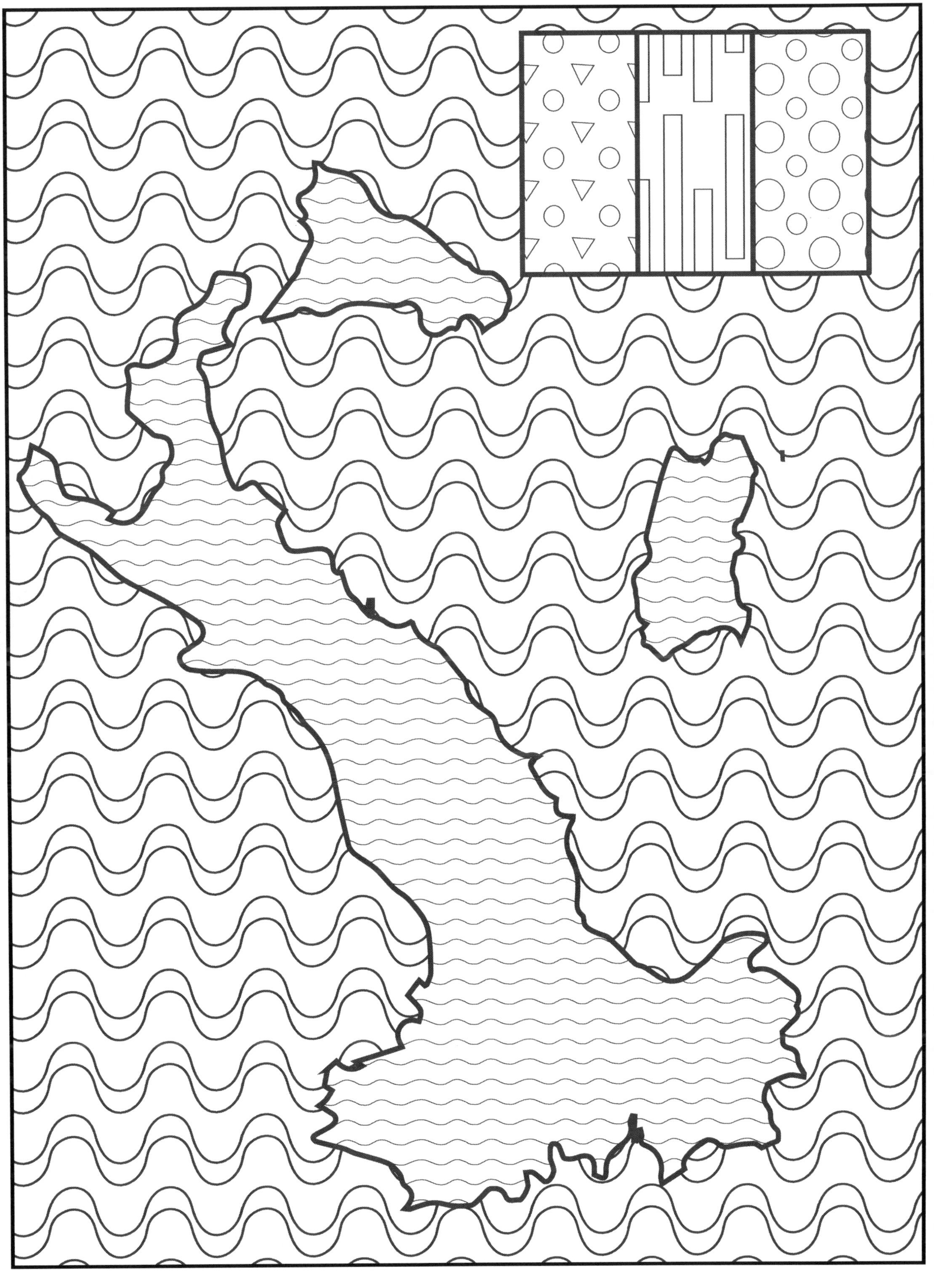

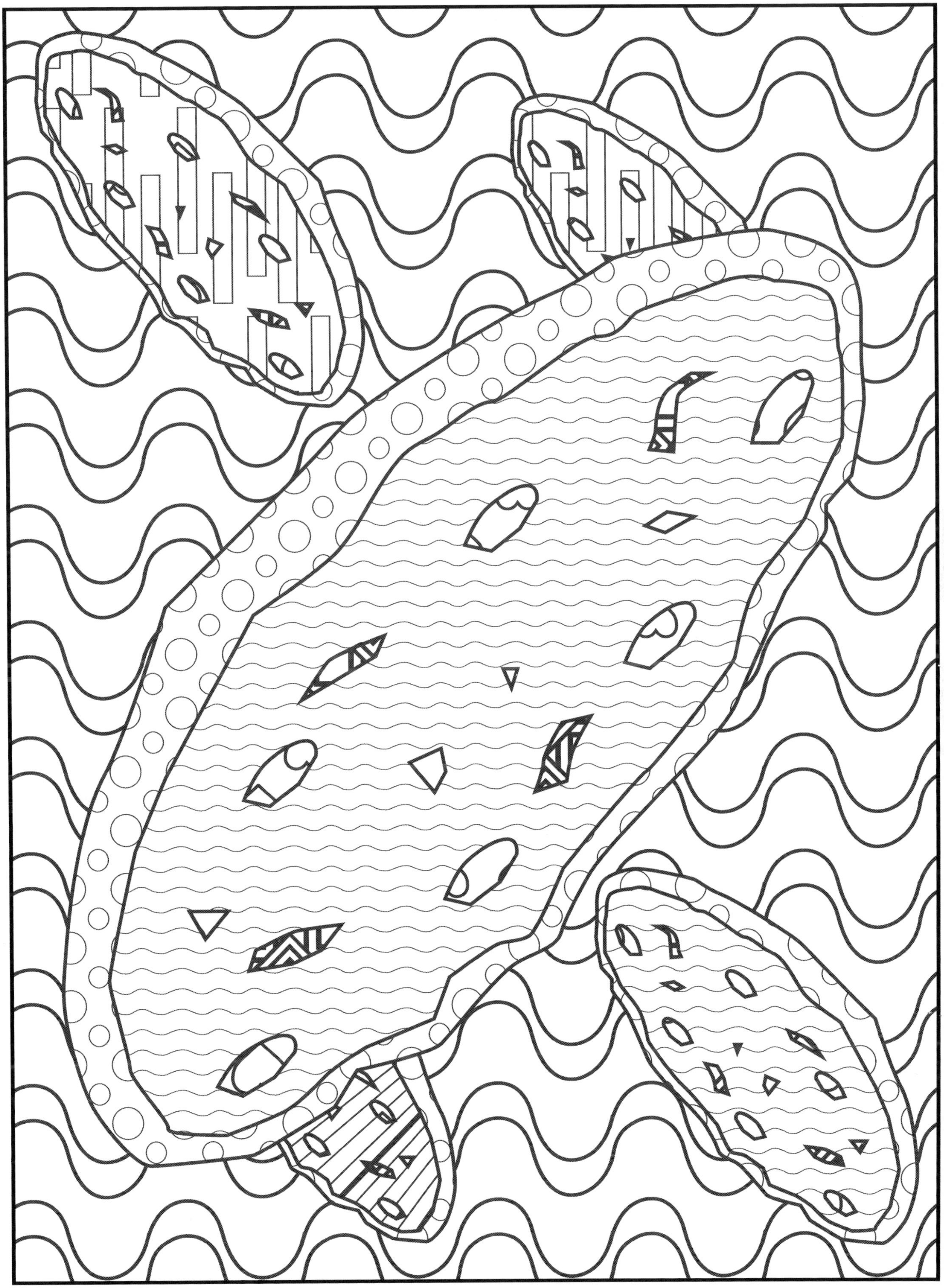

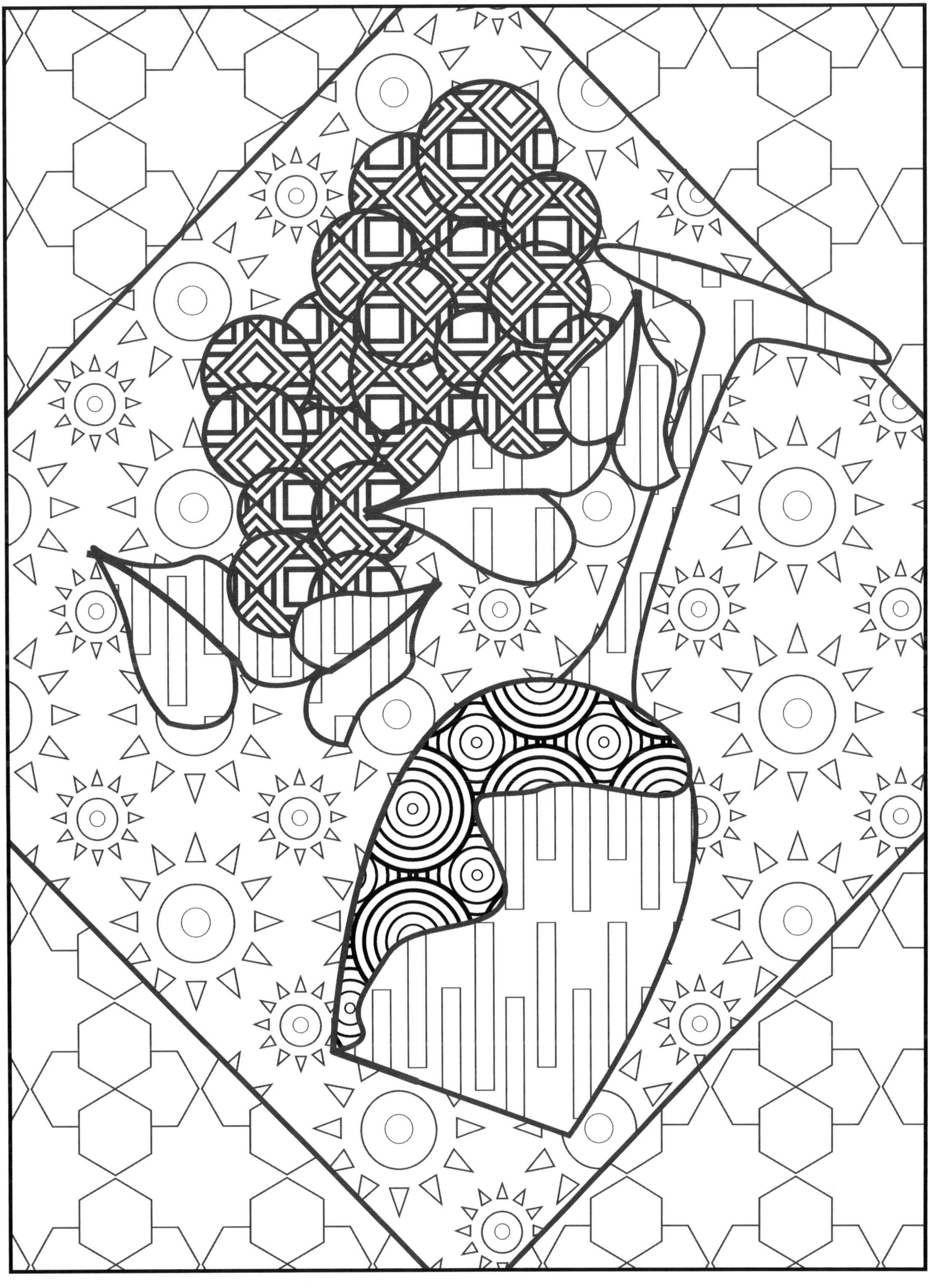

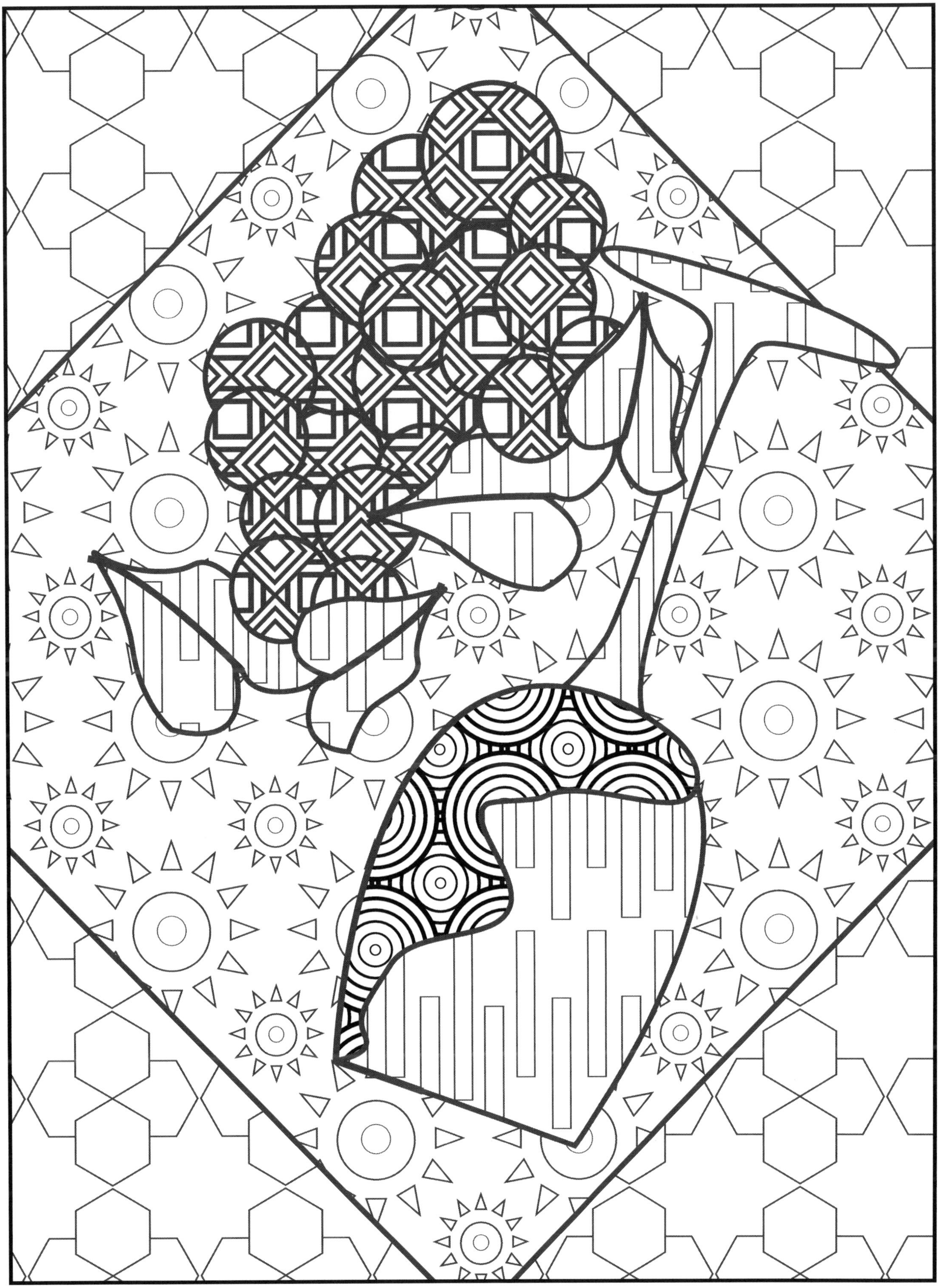

Ti Amo

Ti Amo

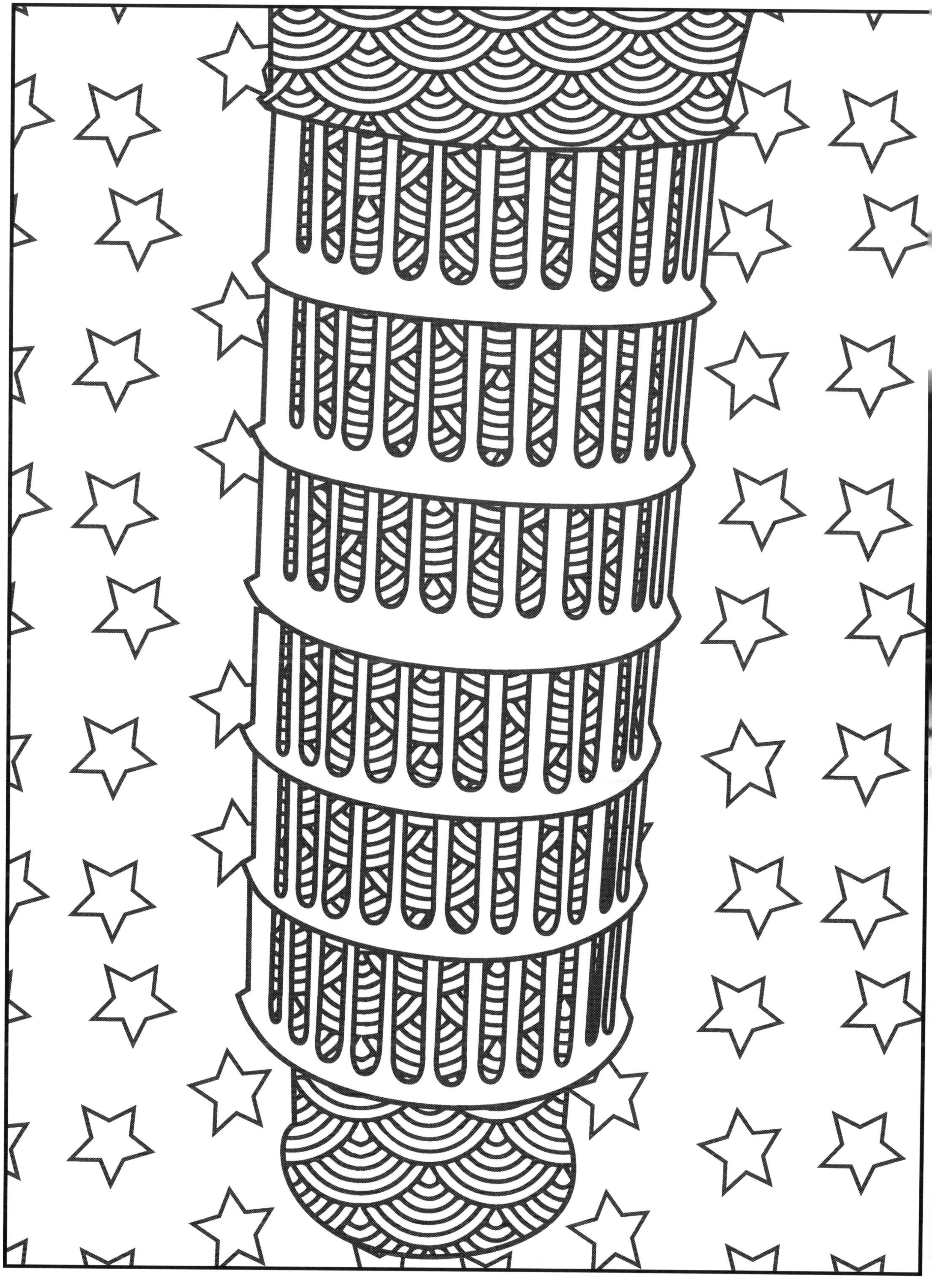

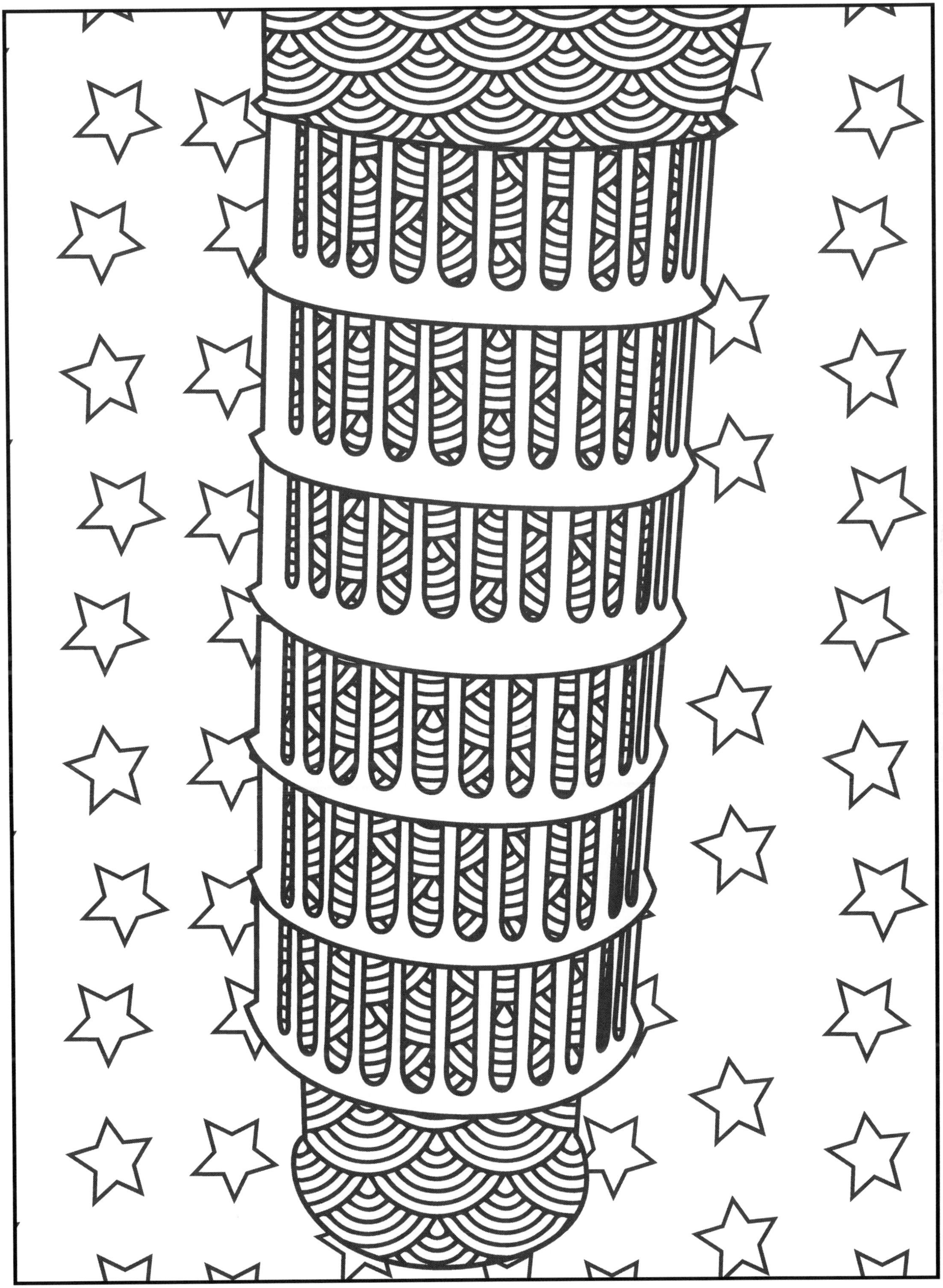

Ti Amo

Ti Amo

Ti Amo

Ti Amo

Printed in Great Britain
by Amazon

50329533R00036